AF349662

Qui bene præsunt presbyteri duplici honore digni ha-
beantur, maxime qui laborant in verbo et doctrinâ.

Que les prêtres qui gouvernent bien soient doublement
honorés, principalement ceux qui travaillent à la prédication et à l'enseignement.

4 à Timothée,
cH. 5, v. 17.

M E S   F R È R E S,

Il y a des existences tellement utiles, tellement vénérées et,
pour ainsi dire, nécessaires, qu'on se fait difficilement à l'idée de
les voir disparaître. Tels sont ces hommes qui ont vu passer
devant eux des générations de jeunes gens, les saluant avec
respect et amour.

Tels sont encore ces amis qu'on quitte au départ pour un
long voyage, et qu'on espère encore retrouver au retour, avec
leur aimable sourire et leurs paroles toujours encourageantes
pour le malheur comme pour la prospérité.

Tel fut en particulier, M. F., celui que nous pleurons aujourd'hui, Monsieur le Chanoine **François-Yves
Gouézou**, en son vivant Supérieur du Petit Séminaire
de Tréguier.

Monseigneur notre Evêque bien aimé avait pour lui la
plus grande affection, et nous a délégué pour rendre, en son nom,
à ses restes vénérés, les derniers devoirs dans cette église, sa
seconde Cathédrale. C'est au milieu de ses confrères, de ses é-
lèves vivement émus, de l'élite du Clergé de ce Diocèse, et entouré
de cette ville en deuil que nous remplissons cette tâche particu-
lièrement douloureuse pour nous.

A Tréguier, M. l'abbé Gouézou s'était acquis de vives sympathies et de véritables amis ; au Petit Séminaire, il était le dernier survivant des confrères que nous y avons rencontrés nous-même, dès le début de notre carrière, et nous avons travaillé ensemble pendant un quart de siècle, dans l'union la plus parfaite et sans l'ombre d'un nuage ! grand espace dans la vie de l'homme, aurait dit un ancien, et cependant ces années se sont écoulées rapidement pour nous, tant elles ont été remplies de paix et de bonheur.

Elevés à peu de distance l'un de l'autre, sur les deux versants d'une des plus riantes vallées de la Bretagne, nous avons respiré le même air, goûté les mêmes fruits et reçu les mêmes principes religieux, jusqu'à notre entrée bien jeunes encore, dans ce collège de Tréguier que nous connaissions à peine de nom. Lui a eu le bonheur d'y demeurer plus longtemps et d'y terminer une carrière fructueuse et honorée, au milieu de jeunes gens et d'enfants qu'il aimait, de confrères qui le vénéraient, travaillant à la prédication de la parole et à l'instruction de la jeunesse. Et voilà pourquoi, il mérite doublement d'être honoré : *Duplici honore digni habeantur, maxime qui laborant in verbo et doctrinâ.*

M. l'abbé Gouézou appartenait à l'une de ces familles patriarcales, que l'on rencontre encore dans l'humble classe des ouvriers et des laboureurs de nos campagnes bretonnes. Bien que sa famille fût alliée aux maisons les plus honorables de cette belle et grande paroisse de Plélo, elle aima toujours à rester dans les plus modestes emplois. Bien d'autres eussent rêvé un avenir brillant selon le monde, pour l'unique enfant que Dieu leur avait donné ; mais le père et la mère du jeune écolier, animés l'un et l'autre d'une foi vive et de la piété la plus sincère, ne voyaient pour lui rien de plus grand, de plus digne, de plus élevé que le sacerdoce ; et sa première éducation fut dirigée dans ce sens par les soins d'un vicaire dont il ne parlait jamais dans la suite qu'avec le plus grand respect et une reconnaissance profonde.

C'était l'école presbytérale telle qu'on la comprenait alors, et elle a procuré à l'Eglise un grand nombre de pieux et zélés ministres pour ses autels.

C'était aussi l'époque où le gouvernement effrayé de l'extension rapide des écoles ecclésiastiques exhuma contre elles des
lois surannées de nos plus mauvais jours, et le Collège de
Tréguier, le seul qui existât dans notre région, dut élargir ses
ailes pour recevoir les nombreux externes qui avaient fait jusqu'à ce jour, la prospérité, le mouvement et la vie de cette ville,
avec ce que j'appellerais son cachet particulier encore présent à
tous les souvenirs. Il ne fallait pas, je l'avoue, être difficile sur
le choix de la place et du logement ; et plus d'un parmi nous
était heureux quand il pouvait trouver un dessous d'escalier pour
installer sa table de travail, et quelques bottes de paille, comme
à Paris du temps de St Yves, pour prendre son repos.

Ces vexations que nous avons déplorées pour cette ville
d'étude, si hospitalière, furent le point de départ de la magni-
ficence de ce Petit Séminaire qui fait aujourd'hui, M. F., la gloire
de notre bonne ville de Tréguier et l'orgueil bien légitime du
diocèse de St-Brieuc.

Avec le pain quotidien quelquefois, il le faut bien, trempé
de nos larmes, nous recevions le pain de la vraie science et de la
saine doctrine, par les soins de maîtres vénérés qu'*un* de nous
n'a pas trouvés assez *savants* et auxquels cependant, il l'avoue
plus tard, il doit tout ce qu'il y a de bien en lui, ce qui n'est pas
peu dire puisqu'il s'agit d'un membre de l'Académie française.
Nous du moins nous les apprécions comme des hommes de cœur
et de haute intelligence, et tous ceux qui les ont vraiment
connus, ne sauraient les juger autrement.

Il y avait alors, il y a encore grâce en partic à l'ami que nous
pleurons, il y avait au Collège de Tréguier, une Congrégation de
la Sainte Vierge à laquelle cet établissement doit sans doute,
d'avoir traversé sans accidents, des années d'épreuves doulou-
reuses. Elle était dirigée par un saint prêtre qui y mettait tout
son zèle et la ferveur de son âme.

Vous dire, M. F , tout le bien qu'elle a produit parmi tant de
jeunes gens, qui sollicitaient l'honneur d'y être reçus, avec toute
l'ardeur de leur piété naissante, ce serait peut être bien long et

assurément très difficile. Avec quel zèle notre pieux écolier y travaillait, soit pour la décoration des autels, soit par son exemple et ses leçons et plus tard ses conseils! Conseiller, assistant et préfet de cette belle association, c'est dire assez l'influence et le prestige que le jeune Gouézou exerçait sur tous ses condisciples.

Ah, M. F., que n'aurais-je pas à dire, si je voulais entrer dans les détails de cette vie si fervente, de cet apostolat même que tous nous admirions en lui, et qui lui attirait l'affection de tous ses camarades ; car, croyez-le bien, il ne pouvait avoir que des amis.

Ses succès classiques ne laissaient rien à désirer, et sa piété exemplaire le désignait déja pour être un séminariste parfait. Je passe sous silence, M. F., ces trois années où il donna au Séminaire de St-Brieuc, l'exemple d'une vie édifiante, studieuse, obéissante et recueillie. Ses maîtres appréciant déjà ses dispositions pour la prédication, aussi bien que sa science et la méthode qu'il apportait à leurs leçons, développèrent dans le jeune séminariste ces brillantes qualités qui devaient en faire un orateur remarquable et un professeur de grande valeur.

Sa piété et sa dévotion pour la Sainte Vierge ne firent que se développer au séminaire, et sous la pieuse et savante direction de ses maîtres, M. Gouézou atteignit bientôt à tous les grades de la hiérarchie sacrée, jusqu'au sous-diaconat. Il y eut à cette époque, M. F., un changement dans le personnel de cet important établissement. Le jeune clerc qui avait, pardessus tout, le respect de l'autorité, se montra en cette occasion encore, ce qu'il avait été toute sa vie, plein de soumission pour la nouvelle administration.

Il nous tarde, M. F., de prendre M. l'abbé Gouézou comme maître et professeur au Petit Séminaire de Tréguier. Le jeune sous-diacre dont le zèle et la piété n'avaient pas été oubliées dans cet établissement, y fut reçu par nous tous. avec une bien sympathique cordialité, et il en était digne sous tous les rapports. Comme maître, il s'y fit remarquer par la douceur de son caractère jointe à beaucoup de fermeté, ce qui le fit chérir et respecter par tous les élèves, même ceux qui avaient été ses condisciples quelques années auparavant. Il était sous-diacre, et pour parler le langage d'un de nos anciens, *celui que Dieu a touché est toujours un être à part* qui inspire le respect. Il l'est surtout lorsqu'à cette auréole, qui distingue un clerc dans les ordres sacrés, se joint un caractére d'une bienveillance extrème. Or, M. F., tel était notre jeune Collègue. Aussi, il fut à peine revêtu du sacerdoce, pour me servir de l'expression de l'Eglise, que le Supérieur le chargea d'une classe importante par le nombre des élèves, et les soins qu'il faut leur donner d'une manière toute spéciale.

Avec quel amour ses jeunes élèves se groupaient autour de lui, non seulement à la sortie des classes, mais encore le matin et le soir, dans sa chambre, où il pouvait réveiller la paresse des uns, exciter la nonchalance des autres, et diriger avec une grande patience ceux qui ne demandaient qu'à marcher de l'avant. *Laborabat in doctriná*. Oui, il prenait de la peine, pour instruire et éclairer ces jeunes intelligences qui bientôt allaient s'épanouir, comme les fleurs, sous l'influence de la lumière du ciel.

Qui nous dira, M. F., ce qu'il y a de charmes dans ces années d'études, où l'on s'instruit soi-même, tout en initiant ces âmes jeunes et limpides, aux premiers éléments de la science! Il y a quelque chose de l'enfant avec lequel on est en contact tous les jours, qui rejaillit jusque sur les vieilles années de la vie. C'est pour cela sans doute, que M. l'abbé Gouézou a conservé jusqu'à sa dernière heure, je ne sais quel reflet de jeunesse sur les traits et dans le caractère, qu'on chercherait en vain en ceux qui ont subi le choc et le froissement des passions violentes de l'homme, aux prises avec les âpretés de la vie.

M. Gouézou eut le rare bonheur de suivre régulièrement tout le cercle des classes de l'enseignement, et ces années d'études sérieuses contribuèrent à développer puissamment dans le jeune professeur, une autre aptitude qui n'est donnée qu'à un petit nombre d'hommes privilégiés, et qu'il posséda pour ainsi dire, dans toute sa plénitude. Je veux dire la science et le talent de la parole. Si ce que dit le prince des orateurs, de l'art de bien dire est vrai, que l'éloquence a sa source et son origine dans les sentiments du cœur, nul ne pouvait posséder cet art à un degré plus remarquable, car le cœur débordait en lui de sentiments et d'affections qu'il pouvait à peine maîtriser. Qui de nous, M. F., n'a admiré ce don de persuasion qui brillait dans ses leçons, ses instructions et surtout ces pieuses homélies de chaque Dimanche à ses bien-aimés Congréganistes, c'est-à-dire à presque tous les élèves du Petit Séminaire.

Bien qu'il ne prodiguât pas au dehors ou rarement du moins, ce don inappréciable du ciel, plusieurs de nos églises et cette chaire en particulier, ont gardé le souvenir, des échos lointains peut-être de la véhémence de sa parole ardente sur la dévotion à la très Sainte Vierge ; car, M. F., le culte de cette bonne Mère et son extension parmi les écoliers du Petit Séminaire fut le caractère principal de M. l'abbé Gouézou et la passion de toute sa vie. Aussi, M. F., à la mort du regretté M. l'abbé Delangle, et au départ du vénéré M. Mando que l'Evêque venait d'appeler pour être la lumière de son conseil, M. l'abbé Daniel le digne Supérieur qui lui succéda, nomma pour directeur de la Congrégation de la Sainte Vierge, au Collège, le pieux zélateur jugé par tous comme digne de cet honneur et capable de remplir cette charge. C'est en effet, M. F., un lourd fardeau qui fait bien vite oublier l'honneur, et M. l'abbé Gouézou l'a gardé fidèlement avec un dévouement complet, jusqu'à sa mort.

Qui de vous, mes chers enfants, n'est pas encore tout pénétré de cet esprit de piété, de ce zèle ardent, que cet excellent directeur vous inspirait en vous prêchant avec toute sa foi vive et le feu de son âme ! Le jour d'une réception le trouvait dans le plus grand ravissement : présenter à Marie de nouveaux élus longtemps éprouvés, et les inscrire à son service, quel plus grand bonheur pour celui qui aimait tant cette bonne et tendre mère ! Cette cérémonie toute embaumée de sainte dévotion, d'amour et de joie, ne causait pas moins de tressaillement au cœur du jeune congréganiste que le pas solennel qu'il fît plus tard pour entrer dans la hiérarchie sacrée. « A la veille de l'ordination, disait le trop célèbre séminariste de St-Sulpice, à l'un de ses amis ici présent, reportant mes souvenirs vers le passé, je remarquais que la grâce que Dieu allait me faire, devait son premier principe à mon entrée dans cette pieuse association à laquelle je resterai toujours agrégé de cœur et de prières. »

La direction de la congrégation imposait à M. l'abbé Gouézou une charge dont l'importance n'échappera à personne, celle de conduire et d'éclairer ces jeunes âmes, pour les empêcher de tomber dans aucun excès pas même celui de la piété qui peut aussi avoir ses dangers. L'âme du jeune homme est comme ces lames de cristal préparées à recevoir, dans toute sa pureté, l'image qui doit s'y réfléter. L'art des arts est ici dans cette préparation : la rendre sensible à la vertu et empêcher que cette première image ne s'efface jamais ! Le nouveau directeur fut doué de ce don du ciel, et le porta au plus haut degré. Aussi les élèves se pressaient chaque samedi à la porte de son confessionnal, non pas tant pour faire l'aveu de leurs fautes, que pour recevoir de sa sage direction une lumière et un encouragement pour le bien. C'était là le foyer de bien des œuvres modestes et fructueuses cependant, pour ces âmes jeunes encore, mais déjà pénétrées des plus généreux dévouements.

Si c'était là, M F., une grande fatigue pour le zélé directeur de tant de consciences, c'était aussi une joie bien grande et une consolation pour sa piété. Que de prêtres aujourd'hui dans le ministère paroissial ou les rudes labeurs de l'enseignement, lui doivent leurs premiers pas dans le bien et peut-être la décision de leur vocation à l'état ecclésiastique ! Que de jeunes gens dans le monde lui sont redevables de leur fermeté dans la vertu ! Ils font la joie et la gloire de cette maison, qui a conservé toute l'affection de leurs cœurs, parce qu'ils sont restés fidèles à ses pieux enseignements et à sa constante amitié.

Pour sa direction encore, on peut dire aussi de M. l'abbé Gouézou, qu'il n'a guère franchi le seuil du Petit Séminaire de Tréguier. Il semblait que Dieu avait préparé cet excellent prêtre, uniquement pour cette maison qu'il n'a jamais quittée, et où il a travaillé pendant trente-trois ans. S'il l'a servie par ses leçons et la sagesse de sa direction, par son zèle ardent pour le bien et les amitiés qu'il s'est ménagées dans l'intérêt de cet établissement, on peut dire surtout, qu'il nous a toujours édifiés par sa piété tendre et sincère. Avec quel recueillement, ce bon prêtre récitait son office en se promenant dans les longs corridors et les allées du parc dont la beauté ne pouvait le distraire! Que d'heures il passait dans cette pieuse chapelle où tant de douces larmes ont été versées !

Après son Collége, comme il aimait à le dire, M. l'abbé Gouézou avait une prédilection toute spéciale pour sa paroisse natale. Il a eu le bonheur d'y conserver jusqu'à une rare vieillesse un père qu'il aimait tendrement et une mère qui vient à peine de quitter la vie, en emportant au ciel toute l'affection de son fils. C'est dans ce centre que le zélé professeur recrutait des élèves pour le Petit Séminaire de Tréguier, et les parents étaient heureux de pouvoir lui confier leurs enfants, persuadés d'avance que nul ne pouvait les mieux diriger et en prendre plus de soins.

Tel fut, M. F., comme élève et comme professeur le saint prêtre que nous pleurons. Nul ne fut plus soumis que lui à l'autorité de ses supérieurs. Il comprenait que la force d'un établissement dépend de cette soumission. C'est d'ailleurs une vertu qui est toujours pratiquée dans cette maison, et pendant les années nombreuses et trop courtes cependant, que nous y avons passées, ce n'a pas été le spectacle le moins édifiant que nous ayons pu y remarquer.

Attaché de cœur, comme de pays. d'origine et presque de parenté avec M. l'abbé Urvoy, de douce mémoire, M. Gouézou fut son principal soutien dans les quelques amertumes de ses dernières années. Il adoucit la longue agonie de ce soldat infatigable qui ne se reposa que pour mourir, et recueillit pieusement son dernier soupir. C'était aussi un noble cœur. Sa générosité n'a pas peu contribué à la prospérité d'une maison qu'il a toujours comblée de ses bienfaits, et ce n'est pas sans une bien vive émotion que je me rappelle encore le triste devoir que j'ai dû rendre aussi à ce vieil ami, dans cette même église, il y a à peine dix ans.

M. l'abbé Gouézou fut appelé par la Providence pour recueillir sa succession. Il était désigné pour cette charge importante et honorable, par ses longues années d'enseignement, son dévouement à cette maison, son attachement pour le Supérieur qui venait de mourir, et l'estime qu'il avait su acquérir dans le pays de Tréguier.

Mgr David en lui confiant la direction du Petit Séminaire de Tréguier, le plus important sans contredit de son diocèse, me chargea de l'honneur bien facile cette fois, de le présenter aux familles et au clergé réunis pour la Distribution des prix. Je n'ai pas oublié, M. F., l'accueil si favorable fait à mes paroles, qui n'avaient qu'un mérite pourtant, celui de présenter un nouveau Supérieur sympathique au pays et aimé de tous ses confrères tant au Collège que dans le clergé paroissial.

Je ne voudrais pas abuser de votre bienveillante attention, M. F., en vous parlant de la sagesse et de la fermeté de M. l'abbé Gouézou comme Supérieur du Petit Séminaire de Tréguier, pendant les dix ans que Dieu l'a laissé à la tête de cet établissement. Ses actes sont présents à la mémoire de chacun et ont été consacrés quelques jours avant sa mort, par les éloges que lui a donnés Mgr Fallières, notre Evêque déjà si breton. Hélas qui nous eut dit que nous allions être réduits à le pleurer, moins de trois semaines après. « Je regarde, disait-il à cette occasion, en rendant compte de son administration au digne Prélat qui venait le voir, je regarde comme une de mes œuvres les plus chères, celle d'avoir pu réussir à fonder l'*Association des Anciens Elèves*. C'est un renouvellement et un échange d'amitié, c'est aussi un appui de la part de ceux de nos amis qui ont embrassé une carrière différente de la nôtre. » Qui sait, M. F., tout le bien qu'une pareille association est appelée à produire parmi ceux qui, déjà en grand nombre, se sont ainsi rattachés d'esprit et de cœur à la maison qui les a élevés ! « Si j'avais trouvé établi parmi les Congréganistes de Tréguier, continue le Séminariste de Saint Sulpice, ce qui est d'usage dans la plupart des Associations où les membres absents correspondent par écrit de temps en temps avec le corps, je n'y aurais jamais manqué. Mais c'eût été de ma part une innovation. Du reste, il serait digne d'un ami tel que vous, d'en établir l'usage. » Qui sait, M. F., quelles eussent été les conséquences de la réalisation de ce désir ? Nous aurions peut-être un illustre confrère de plus ; et l'Eglise, un ennemi de moins !

Je ne puis mieux finir qu'en rappelant cette œuvre excellente dont était justement fier l'ami, auquel nous rendons en ce jour un juste tribut d'hommages bien mérités, comme le dit l'Apôtre. Ce double honneur dont il nous parle, ce sont deux couronnes : *Duplici honore digni habeantur.* L'une, M. F., le ciel l'a déjà donnée, nous en avons la douce espérance ; l'autre ne lui sera pas refusée non plus, c'est celle de votre estime et de votre amitié, cette amitié qui ne s'arrête pas aux limites de la vie, mais porte ses fleurs et ses fruits jusque dans l'éternité.

C'est avec la rapidité de l'éclair que cette existence si chère nous a été ravie. Il y a quatre jours à peine, cet ami de cœur me priait avec son bon sourire, de venir célébrer avec lui la belle procession de la Fête-Dieu. « Pour ce jour, disait-il, je serai guéri. » Hélas, M. F., cette fête, il devait la célébrer dans le ciel ; et nous, réunis en ce jour autour de son cercueil, sans pouvoir contempler une dernière fois ces traits qui ne furent sévères pour personne, nous ne pouvons que rendre ce dernier hommage à sa mémoire, et arroser de nos larmes cette tombe qui va se fermer pour toujours ! Il reposera du moins dans le tombeau de ceux qui furent ses ancêtres dans cette maison, ses anciens professeurs, ses confrères et ses amis, à l'ombre du clocher de St-Tugdual, non loin de celui de St-Yves qui fut aussi son patron et qu'il priait avec tant de ferveur.

La prière seule peut franchir l'espace qui sépare le temps de l'éternité, et réunir ceux qui furent intimement liés ici-bas ! Ce sera notre seul lien désormais !

Il y a bien encore, ce que nous avons aimé en vous, cher

ami, l'exemple de vos vertus, les qualités de votre âme qui forment le reflet de la vie toute entière. Cela nous restera du moins et ne sortira jamais de notre mémoire.

Adieu donc, bien aimé Supérieur, au nom de ce Collège que vous avez tant aimé ; au nom de ces chers enfants qui vous pleurent, de ces maîtres que vous avez dirigés avec tant d'amour, de ces confrères accourus de si loin et en si grand nombre ; au nom de ces parents éplorés, de cette ville en deuil, adieu ! Au nom de ma vieille amitié, moi qui devais vous précéder dans la tombe, adieu aussi, ou plutôt au revoir, au ciel ! Ainsi soit-il.

Tréguier. — Imprimerie LE FLEM.